AF175205

Impressum
Verlag: BABADADA GmbH, Nedderfeld 112 , 22529 Hamburg
Geschäftsführer / Verlagsleitung: Harald Hof
Druck: Books on Demand GmbH, In de Tarpen 42, 22848 Norderstedt

Imprint
Publisher: BABADADA GmbH, Nedderfeld 112 , 22529 Hamburg, Germany
Managing Director / Publishing direction: Harald Hof
Print: Books on Demand GmbH, In de Tarpen 42, 22848 Norderstedt

aula
das Klassenzimmer

dividir
dividieren

186/2

pizarrón
die Tafel

patio de escuela
der Schulhof

maestro
der Lehrer

papel
das Papier

escribir
schreiben

birome
der Stift

escritorio
der Schreibtisch

regla
das Lineal

libro
das Buch

alumno
die Schüler

mochila
die Schultasche

caja de lápices
die Federmappe

lápiz
der Bleistift

sacapuntas
der Bleistiftspitzer

goma (de borrar)
der Radierer

bloc de dibujo
der Zeichenblock

dibujo
die Zeichnung

pincel
der Pinsel

caja de pinturas
der Malkasten

tijera
die Schere

pegamento
der Klebstoff

cuaderno de ejercicios
das Übungsheft

tarea
die Hausübung

número
die Zahl

sumar
addieren

restar
subtrahieren

multiplicar
multiplizieren

calcular
rechnen

letra
der Buchstabe

abecedario
das Alphabet

palabra
das Wort

texto

der Text

leer

lesen

tiza

die Kreide

lección

die Unterrichtsstunde

cuaderno de clase

das Klassenbuch

examen

die Prüfung

certificado

das Zeugnis

uniforme escolar

die Schuluniform

educación

die Ausbildung

enciclopedia

das Lexikon

universidad

die Universität

microscopio

das Mikroskop

mapa

die Karte

tacho (de basura)

der Papierkorb

hotel
das Hotel

hostel
die Jugendherberge

casa de cambio
die Wechselstube

valija
der Koffer

auto
das Auto

idioma

die Sprache

sí / no

ja / nein

Está bien

Okay

hola

Hallo

traductor

die Dolmetscherin

Gracias

Danke

¿cuánto cuesta…?

Wie viel kostet …?

No entiendo

Ich verstehe nicht.

problema

das Problem

¡Buenas tardes!

Guten Abend!

¡Buenos días!

Guten Morgen!

¡Buenas noches!

Gute Nacht!

adiós

Auf Wiederschaun!

dirección

die Richtung

equipaje

das Gepäck

bolso

die Tasche

mochila

der Rucksack

invitado

der Gast

habitación

das Zimmer

bolsa de dormir

der Schlafsack

carpa

das Zelt

información turística

Touristeninformation

playa

der Strand

tarjeta de crédito

die Kreditkarte

desayuno

das Frühstück

almuerzo

das Mittagessen

cena

das Abendessen

pasaje

die Fahrkarte

ascensor

der Lift

sello

die Briefmarke

frontera

die Grenze

aduana

der Zoll

embajada

die Botschaft

visa

das Visum

pasaporte

der Pass

transporte
der Transport

avión
das Flugzeug

barco
das Schiff

autobomba
das Feuerwehrauto

colectivo
der Bus

camión
der Lastwagen

lancha a motor
das Motorboot

bicicleta
das Fahrrad

auto
das Auto

ferry

die Fähre

bote

das Boot

moto

das Motorrad

patrullero

das Polizeiauto

auto de carreras

das Rennauto

auto de alquiler

der Mietwagen

alquiler de autos
....
das Carsharing

grúa
....
der Abschleppwagen

camión de basura
....
der Müllwagen

motor
....
der Motor

nafta
....
der Kraftstoff

estación de servicio
....
die Tankstelle

señal de tránsito
....
das Verkehrsschild

tránsito
....
der Verkehr

embotellamiento
....
der Stau

estacionamiento
....
der Parkplatz

estación de tren
....
der Bahnhof

vías
....
die Schienen

tren
....
der Zug

tranvía
....
die Straßenbahn

vagón
....
der Wagon

helicóptero

der Hubschrauber

aeropuerto

der Flughafen

torre

der Tower

pasajero

der Passagier

contenedor

der Container

caja de cartón

der Karton

carretilla

der Rollwagen

canasta

der Korb

despegar / aterrizar

starten / landen

ciudad
die Stadt

pueblo

das Dorf

centro de ciudad

das Stadtzentrum

casa

das Haus

cine
das Kino

publicidad
die Werbung

farol
die Straßenlaterne

calle
die Straße

taxi
das Taxi

kiosco
der Kiosk

peatón
der Fußgänger

vereda
der Gehsteig

paso peatonal
der Zebrastreifen

tenedor de basura
Mülltonne

cruce
die Kreuzung

semáforo
die Ampel

cabaña
die Hütte

departamento
die Wohnung

estación de tren
der Bahnhof

municipalidad
das Rathaus

museo
das Museum

colegio
die Schule

universidad

die Universität

banco

die Bank

hospital

das Spital

hotel

das Hotel

farmacia

die Apotheke

oficina

das Büro

librería

die Buchhandlung

negocio

das Geschäft

florería

der Blumenladen

supermercado

der Supermarkt

mercado

der Markt

grandes tiendas

das Kaufhaus

pescadería

der Fischhändler

centro comercial

das Einkaufszentrum

puerto

der Hafen

parque

der Park

banco

die Bank

puente

die Brücke

escaleras

die Stiege

subte

die U-Bahn

túnel

der Tunnel

rada del colectivo

ie Bushaltestelle

bar

die Bar

restaurante

das Restaurant

buzón

der Briefkasten

letrero

das Straßenschild

parquímetro

die Parkuhr

zoológico

der Zoo

pileta

die Badeanstalt

mezquita

die Moschee

granja
der Bauernhof

contaminación
die Umweltverschmutzung

cementerio
der Friedhof

iglesia
die Kirche

juegos infantiles
der Spielplatz

templo
der Tempel

paisaje
die Landschaft

hoja
das Blatt

poste indicador
der Wegweiser

camino
der Weg

pradera
die Wiese

piedra
der Stein

árbol
der Baum

excursionista
der Wanderer

río
der Fluss

hierba
das Gras

flor
die Blume

valle
das Tal

montaña
der Hügel

lago
der See

bosque
der Wald

desierto
die Wüste

volcán
der Vulkan

castillo
das Schloss

arco iris
der Regenbogen

champiñón
der Pilz

palmera
die Palme

mosquito
der Moskito

mosca
die Fliege

hormiga
die Ameise

abeja
die Biene

araña
die Spinne

escarabajo

der Käfer

rana

der Frosch

ardilla

das Eichhörnchen

erizo

der Igel

liebre

der Hase

lechuza

die Eule

pájaro

die Vogel

cisne

der Schwan

jabalí

das Wildschwein

ciervo

der Hirsch

alce

der Elch

presa

der Staudamm

aerogenerador

das Windrad

panel solar

das Solarmodul

clima

das Klima

mozo
der Kellner

menú
die Speisekarte

silla
der Sessel

sopa
die Suppe

pizza
die Pizza

cubiertos
das Besteck

mantel
die Tischdecke

entrada
die Vorspeise

plato principal
das Hauptgericht

postre
die Nachspeise

bebidas
die Getränke

comida
das Essen

botella
die Flasche

comida rápida

das Fastfood

comida callejera

das Streetfood

tetera

die Teekanne

azucarera

die Zuckerdose

porción

die Portion

cafetera expreso

die Espressomaschine

sillita alta

der Kinderstuhl

cuenta

die Rechnung

bandeja

das Tablett

cuchillo

das Messer

tenedor

die Gabel

cuchara

der Löffel

cucharita

der Teelöffel

servilleta

die Serviette

vaso

das Glas

restaurante - das Restaurant

plato

der Teller

plato hondo

der Suppenteller

plato

die Untertasse

salsa

die Sauce

salero

der Salzstreuer

molinillo de pimienta

die Pfeffermühle

vinagre

der Essig

aceite

das Öl

especias

die Gewürze

kétchup

das Ketchup

mostaza

der Senf

mayonesa

die Mayonnaise

oferta especial
das Angebot

cliente
der Kunde

lácteos
die Milchprodukte

fruta
das Obst

changuito
der Einkaufswagen

carnicería
die Schlachterei

panadería
die Bäckerei

pesar
wiegen

verduras
das Gemüse

carne
das Fleisch

alimentos congelados
die Tiefkühlkost

fiambres
der Aufschnitt

alimentos enlatados
die Konserven

detergente en polvo
das Waschmittel

golosinas
die Süßigkeiten

electrodomésticos
die Haushaltsartikel

productos de limpieza
das Reinigungsmittel

vendedora
die Verkäuferin

caja
die Kassa

cajero
die Kassiererin

ista de compras
die Einkaufsliste

horario de atención
die Öffnungszeiten

billetera
die Brieftasche

arjeta de crédito
die Kreditkarte

cartera
die Tasche

bolsa de plástico
die Plastiktüte

supermercado - der Supermarkt

agua

das Wasser

jugo

der Saft

leche

die Milch

bebida cola

die Cola

vino

der Wein

cerveza

das Bier

alcohol

der Alkohol

cacao

der Kakao

té

der Tee

café

der Kaffee

café expreso

der Espresso

cappuccino

der Cappuccino

banana

die Banane

manzana

der Apfel

naranja

die Orange

melón

die Melone

limón

die Zitrone

zanahoria

die Karotte

ajo

der Knoblauch

bambú

der Bambus

cebolla

die Zwiebel

champiñón

der Pilz

nueces

die Nüsse

fideos

die Nudeln

tallarines

die Spaghetti

arroz

der Reis

ensalada

der Salat

papas fritas

die Pommes frites

papas fritas

die Bratkartoffeln

pizza

die Pizza

hamburguesa

der Hamburger

sándwich

das Sandwich

churrasco

das Schnitzel

jamón

der Schinken

salame

die Salami

salchicha

die Wurst

pollo

das Huhn

asado

der Braten

pescado

der Fisch

copos de avena

die Haferflocken

muesli

das Müsli

copos de maíz

die Cornflakes

harina

das Mehl

medialuna

das Croissant

pancito

die Semmel

pan

das Brot

tostada

der Toast

galletitas

die Kekse

manteca

die Butter

cuajada

der Topfen

torta

der Kuchen

huevo

das Ei

huevo frito

das Spiegelei

queso

der Käse

helado

die Eiscreme

azúcar

der Zucker

miel

der Honig

mermelada

die Marmelade

pasta de chocolate

der Schokoladenaufstrich

curry

das Curry

granja
das Bauernhaus

fardo de paja
der Strohballen

granero
die Scheune

campo
das Feld

caballo
das Pferd

remolque
der Anhänger

potrillo
das Fohlen

tractor
der Traktor

burro
der Esel

oveja
das Schaf

cordero
das Lamm

cabra

die Ziege

vaca

die Kuh

ternero

das Kalb

cerdo

das Schwein

lechón

das Ferkel

toro

der Stier

ganso

die Gans

pato

die Ente

pollo

das Küken

gallina

das Huhn

gallo

der Hahn

rata

die Ratte

gato

die Katze

ratón

die Maus

buey

der Ochse

perro

der Hund

cucha

die Hundehütte

manguera

der Gartenschlauch

regadera

die Gießkanne

guadaña

die Sense

arado

der Pflug

hoz
die Sichel

azada
die Hacke

horquilla
die Mistgabel

hacha
die Axt

carretilla
die Schubkarre

abrevadero
der Trog

lechera
die Milchkanne

bolsa
der Sack

reja
der Zaun

establo
der Stall

invernadero
das Treibhaus

suelo
der Boden

semilla
die Saat

fertilizador
der Dünger

cosechadora
der Mähdrescher

cosechar

ernten

cosecha

die Ernte

batatas

die Yamswurzel

trigo

der Weizen

soja

das Soja

papa

der Erdapfel

maíz

der Mais

semilla de colza

der Raps

árbol frutal

der Obstbaum

mandioca

der Maniok

cereales

das Getreide

chimenea
der Schornstein

techo
das Dach

caño de desagüe
die Regenrinne

ventana
das Fenster

garaje
die Garage

timbre
die Klingel

puerta
die Tür

tacho de basura
der Abfallkübel

buzón
der Briefkasten

jardín
der Garten

living
das Wohnzimmer

baño
das Badezimmer

cocina
die Küche

dormitorio
das Schlafzimmer

cuarto de los chicos
das Kinderzimmer

comedor
das Esszimmer

piso

der Boden

pared

die Wand

cielorraso

die Decke

sótano

der Keller

sauna

die Sauna

balcón

der Balkon

terraza

die Terrasse

pileta

das Schwimmbad

cortadora de pasto

der Rasenmäher

sábana

der Bettbezug

acolchado

die Bettdecke

cama

das Bett

escoba

der Besen

balde

der Kübel

interruptor

der Schalter

empapelado
die Tapete

imagen
das Bild

lámpara
die Lampe

estante
das Regal

armario
der Schrank

chimenea
der Kamin

televisión
der Fernseher

flor
die Blume

almohadón
der Polster

florero
die Vase

sofá
das Sofa

control remoto
die Fernbedienung

alfombra
der Teppich

cortina
der Vorhang

mesa
der Tisch

silla
der Sessel

mecedora
der Schaukelstuhl

sillón
der Sessel

libro

das Buch

frazada

die Decke

decoración

die Dekoration

leña

das Feuerholz

película

der Film

equipo de música

die Stereoanlage

llave

der Schlüssel

diario

die Zeitung

pintura

das Gemälde

póster

das Poster

radio

das Radio

cuaderno

der Notizblock

aspiradora

der Staubsauger

cactus

der Kaktus

vela

die Kerze

microondas
die Mikrowelle

heladera
der Kühlschrank

balanza de cocina
die Küchenwaage

tostadora
der Toaster

detergente
das Reinigungsmittel

horno
der Backofen

...ezer
...s Gefrierfach

tacho de basura
der Abfallkübel

lavaplatos
der Geschirrspüler

cocina
der Herd

olla
der Topf

olla de hierro fundido
der Eisentopf

wok
der Wok / Kadai

sartén
die Pfanne

pava
der Wasserkocher

vaporera

der Dampfgarer

bandeja de horno

das Backblech

vajilla

das Geschirr

taza

der Becher

bol

die Schale

palitos

die Essstäbchen

cucharón

der Schöpflöffel

estpátula

der Pfannenwender

batidora

der Schneebesen

colador

das Kochsieb

colador

das Sieb

rallador

die Reibe

mortero

der Mörser

parrilla

der Grill

fogata

das Kaminfeuer

tabla de picar

as Schneidebrett

palo de amasar

das Nudelholz

sacacorchos

der Korkenzieher

lata

die Dose

abrelatas

der Dosenöffner

manopla

der Topflappen

pileta

as Waschbecken

cepillo

die Bürste

esponja

der Schwamm

batidora

der Mixer

congelador

die Gefriertruhe

mamadera

die Babyflasche

canilla

er Wasserhahn

calefacción
die Heizung

ducha
die Dusche

toalla
das Handtuch

cortina de ducha
der Duschvorhang

baño de espuma
das Schaumbad

bañadera
die Badewanne

vaso
das Glas

lavarropas
die Waschmaschine

canilla
der Wasserhahn

baldosas
die Fliesen

pelela
der Nachttopf

pileta
das Waschbecken

inodoro
das Klo

letrina
die Hocktoilette

bidé
das Bidet

mingitorio
das Pissoir

papel higiénico
das Klopapier

cepillo para el inodoro
die Klobürste

cepillo de dientes

die Zahnbürste

dentífrico

die Zahnpasta

hilo dental

die Zahnseide

lavar

waschen

ducha de mano

die Handbrause

ducha higiénica

die Intimdusche

palangana

e Waschschüssel

cepillo para espalda

die Rückenbürste

jabón

die Seife

gel de ducha

das Duschgel

shampoo

das Shampoo

toallita

der Waschlappen

desagüe

der Abfluss

crema

die Creme

desodorante

das Deodorant

espejo

der Spiegel

espejito

der Kosmetikspiegel

maquinita de afeitar

der Rasierer

espuma de afeitar

der Rasierschaum

aftershave

das Rasierwasser

peine

der Kamm

cepillo

die Bürste

secador de pelo

der Föhn

spray

das Haarspray

maquillaje

das Makeup

lápiz de labios

der Lippenstift

esmalte para uñas

der Nagellack

algodón

die Watte

tijera para uñas

die Nagelschere

perfume

das Parfum

portacosméticos

der Kulturbeutel

banqueta

der Hocker

balanza

die Waage

bata

der Bademantel

guantes de goma

die Gummihandschuhe

tampón

das Tampon

toallita femenina

die Damenbinde

baño químico

die Chemietoilette

despertador
der Wecker

peluche
das Kuscheltier

coche de juguete
das Spielzeugauto

sonajero
die Rassel

casa de muñecas
das Puppenhaus

regalo
das Geschenk

globo
der Ballon

cama
das Bett

cochecito
der Kinderwagen

cartas
das Kartenspiel

rompecabezas
das Puzzle

historieta
der Comic

piezas de lego

die Legosteine

ladrillos de juguete

die Bausteine

figura de acción

die Actionfigur

nterito (de bebé)

er Strampelanzug

frisbee

das Frisbee

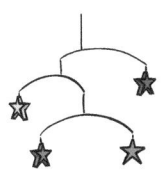

móvil para bebés

das Mobile

juego de mesa

das Brettspiel

dados

der Würfel

tren eléctrico

die Modelleisenbahn

chupete

der Schnuller

fiesta

die Party

libro de cuentos ilustrado

das Bilderbuch

pelota

der Ball

muñeca

die Puppe

jugar

spielen

arenero

der Sandkasten

hamaca

die Schaukel

juguetes

das Spielzeug

consola de videojuegos

die Spielkonsole

triciclo

das Dreirad

osito de peluche

der Teddy

armario

der Kleiderschrank

ropa
die Kleidung

medias

die Socken

medias panty

die Strümpfe

calzas

die Strumpfhose

bufanda
der Schal

nturón
er Gürtel

paraguas
der Regenschirm

remera
das T-Shirt

zapatillas
die Turnschuhe

botas
die Stiefel

pantuflas
die Hausschuhe

sandalias
....
die Sandalen

zapatos
....
die Schuhe

botas de goma
....
die Gummistiefel

ropa interior
....
die Unterhose

corpiño
....
der Büstenhalter

chaleco
....
das Unterhemd

body

der Body

pantalones

die Hose

jeans

die Jeans

pollera

der Rock

blusa

die Bluse

camisa

das Hemd

pulóver

der Pullover

buzo

der Kapuzenpullover

blazer

der Blazer

campera

die Jacke

tapado

der Mantel

piloto

der Regenmantel

traje

das Kostüm

vestido

das Kleid

vestido de novia

das Hochzeitskleid

ropa - die Kleidung

traje
der Anzug

camisón
das Nachthemd

pijama
der Pyjama

sari
der Sari

pañuelo para cabeza
das Kopftuch

turbante
der Turban

burka
die Burka

caftán
der Kaftan

abaya
die Abaya

traje de baño
der Badeanzug

short de baño
die Badehose

shorts
die kurze Hose

jogging
er Jogginganzug

delantal
die Schürze

guantes
die Handschuhe

botón
der Knopf

anteojos
die Brille

pulsera
das Armband

collar
die Halskette

anillo
der Ring

aro
der Ohrring

gorra
die Mütze

percha
der Kleiderbügel

sombrero
der Hut

corbata
die Krawatte

cierre
der Reißverschluss

casco
der Helm

tiradores
der Hosenträger

uniforme escolar
die Schuluniform

uniforme
die Uniform

babero
....
das Lätzchen

chupete
....
der Schnuller

pañal
....
die Windel

servidor
der Server

archivero
der Aktenschrank

impresora
der Drucker

monitor
der Monitor

apier

escritorio
der Schreibtisch

mouse
die Maus

carpeta
der Ordner

teclado
die Tastatur

tacho (de basura)
der Papierkorb

computadora
der Computer

silla
der Sessel

taza de café
....
er Kaffeebecher

calculadora
....
der Taschenrechner

internet
....
das Internet

laptop

der Laptop

carta

der Brief

mensaje

die Nachricht

celular

das Handy

red

das Netzwerk

fotocopiadora

der Kopierer

software

die Software

teléfono

das Telefon

tomacorriente

die Steckdose

fax

das Fax

formulario

das Formular

documento

das Dokument

comprar
....
kaufen

pagar
....
bezahlen

hacer negocios
....
handeln

dinero
....
das Geld

dólar
....
der Dollar

euro
....
der Euro

yen
....
der Yen

rublo
....
der Rubel

franco suizo
....
der Franken

yuan
....
r Renminbi Yuan

rupia
....
die Rupie

cajero automático
....
der Bankomat

casa de cambio

die Wechselstube

oro

das Gold

plata

das Silber

petróleo

das Öl

energía

die Energie

precio

der Preis

contrato

der Vertrag

impuesto

die Steuer

acción

die Aktie

trabajar

arbeiten

empleado

der Angestellte

empleador

der Arbeitgeber

fábrica

die Fabrik

negocio

das Geschäft

economía - die Wirtschaft

policía
der Polizist

bombero
der Feuerwehrmann

cocinero
der Koch

médico
die Ärztin

piloto
der Pilot

jardinero
der Gärtner

carpintero
der Tischler

modista
die Schneiderin

juez
der Richter

farmacéutico
die Chemikerin

actor
der Schauspieler

colectivero

der Busfahrer

taxista

der Taxifahrer

pescador

der Fischer

mucama

die Putzfrau

techista

der Dachdecker

mozo

der Kellner

cazador

der Jäger

pintor

der Maler

panadero

der Bäcker

electricista

der Elektriker

albañil

der Bauarbeiter

ingeniero

der Ingenieur

carnicero

der Schlachter

plomero

der Installateur

cartero

die Briefträgerin

soldado

der Soldat

arquitecto

der Architekt

cajero

die Kassiererin

florista

Blumenhändlerin

peluquero

der Friseur

cobrador

der Schaffner

mecánico

der Mechaniker

capitán

der Kapitän

dentista

die Zahnärztin

científico

Wissenschaftler

rabino

der Rabbi

imán

der Imam

monje

der Mönch

sacerdote

der Pfarrer

martillo
der Hammer

tenaza
die Zange

destornillador
der Schraubenzieher

llave
der Schraubenschlüssel

linterna
die Tasche

excavadora
der Bagger

caja de herramientas
der Werkzeugkasten

escalera portátil
die Leiter

sierra
die Säge

clavos
die Nägel

taladro
der Bohrer

arreglar

reparieren

pala de jardín

die Schaufel

¡Qué bronca!

Scheiße!

pala de plástico

die Kehrschaufel

tacho de pintura

der Farbtopf

tornillos

die Schrauben

instrumentos musicales
die Musikinstrumente

parlante
der Lautsprecher

batería
das Schlagzeug

guitarra
die Gitarre

contrabajo
der Kontrabass

trompeta
die Trompete

piano

das Klavier

violín

die Violine

bajo

der Bass

timbales

die Pauke

tambor

die Trommeln

teclado

die Tastatur

saxofón

das Saxophon

flauta

die Flöte

micrófono

das Mikrofon

entrada
der Eingang

tigre
der Tiger

jaula
der Käfig

cebra
das Zebra

alimento para animales
das Tierfutter

oso panda
der Panda

animales

die Tiere

elefante

der Elefant

canguro

das Känguru

rinoceronte

das Nashorn

gorila

der Gorilla

oso

der Bär

camello

das Kamel

avestruz

der Strauß

león

der Löwe

mono

der Affe

flamenco

der Flamingo

loro

der Papagei

oso polar

der Eisbär

pingüino

der Pinguin

tiburón

der Hai

pavo real

der Pfau

serpiente

die Schlange

cocodrilo

das Krokodil

cuidador del zoológico

der Zoowärter

foca

die Robbe

jaguar

der Jaguar

poni

das Pony

leopardo

der Leopard

hipopótamo

das Nilpferd

jirafa

die Giraffe

águila

der Adler

jabalí

das Wildschwein

pescado

der Fisch

tortuga

die Schildkröte

morsa

das Walross

zorro

der Fuchs

gacela

die Gazelle

fútbol americano
das American Football

ciclismo
das Radfahren

tenis
das Tennis

básquet
der Basketball

natación
das Schwimmen

hockey sobre hielo
das Eishockey

boxeo
das Boxen

fútbol
der Fußball

bádminton
das Badminton

atletismo
die Leichtathletik

handball
der Handball

esquí
das Skifahren

polo
das Polo

reír
lachen

tar
ingen

abrazar
umarmen

caminar
gehen

cantar
singen

soñar
träumen

rezar
beten

besar
küssen

escribir

schreiben

dibujar

zeichnen

mostrar

zeigen

presionar

drücken

dar

geben

tomar

nehmen

tener
....
haben

hacer
....
machen

ser
....
sein

estar parado
....
stehen

correr
....
laufen

tirar
....
ziehen

tirar
....
werfen

caer
....
fallen

estar acostado
....
liegen

esperar
....
warten

llevar
....
tragen

estar sentado
....
sitzen

vestirse
....
anziehen

dormir
....
schlafen

despertar
....
aufwachen

mirar

ansehen

llorar

weinen

acariciar

streicheln

peinar

frisieren

hablar

reden

entender

verstehen

preguntar

fragen

escuchar

hören

beber

trinken

comer

essen

ordenar

zusammenräumen

amar

lieben

cocinar

kochen

manejar

fahren

volar

fliegen

navegar
....
segeln

calcular
....
rechnen

leer
....
lesen

aprender
....
lernen

trabajar
....
arbeiten

casarse
....
heiraten

coser
....
nähen

cepillarse los dientes
....
Zähne putzen

matar
....
töten

fumar
....
rauchen

enviar
....
senden

ßmutter

abuelo
der Großvater

padre
der Vater

madre
die Mutter

ebé
as Baby

hija
die Tochter

hijo
der Sohn

invitado

der Gast

tía

die Tante

tío

der Onkel

hermano

der Bruder

hermana

die Schwester

frente
die Stirn

ojo
das Auge

hombro
die Schulter

dedo
der Finger

cara
das Gesicht

pera
das Kinn

mano
die Hand

pecho
die Brust

pierna
das Bein

brazo
der Arm

bebé
....
das Baby

hombre
....
der Mann

mujer
....
die Frau

nena
....
das Mädchen

nene
....
der Junge

cabeza
....
der Kopf

espalda

der Rücken

panza

der Bauch

ombligo

der Nabel

dedo del pie

der Zeh

talón

die Ferse

hueso

der Knochen

cadera

die Hüfte

rodilla

das Knie

codo

der Ellbogen

nariz

die Nase

cola

das Gesäß

piel

die Haut

cachete

die Wange

oreja

das Ohr

labio

die Lippe

boca

der Mund

diente

der Zahn

lengua

die Zunge

cerebro

das Gehirn

corazón

das Herz

músculo

der Muskel

pulmón

die Lunge

hígado

die Leber

estómago

der Magen

riñones

die Nieren

sexo

der Geschlechtsverkehr

preservativo

das Kondom

óvulo

die Eizelle

semen

das Sperma

embarazo

die Schwangerschaft

menstruación

die Menstruation

vagina

die Vagina

pene

der Penis

ceja

die Augenbraue

pelo

das Haar

cuello

der Hals

hospital
das Spital

ambulancia
die Rettung

silla de ruedas
der Rollstuhl

fractura
der Bruch

médico
die Ärztin

sala de guardia
die Notaufnahme

enfermera
die Krankenschwester

emergencia
der Notfall

inconsciente
ohnmächtig

dolor
der Schmerz

lesión

die Verletzung

hemorragia

die Blutung

infarto

der Herzinfarkt

ACV

der Schlaganfall

alergia

die Allergie

tos

der Husten

fiebre

das Fieber

gripe

die Grippe

diarrea

der Durchfall

dolor de cabeza

die Kopfschmerzen

cáncer

der Krebs

diabetes

die Diabetes

cirujano

der Chirurg

bisturí

das Skalpell

operación

die Operation

TC
das CT

rayos x
das Röntgen

ecografía
der Ultraschall

barbijo
die Maske

enfermedad
die Krankheit

sala de espera
das Wartezimmer

muleta
die Krücke

curita
das Pflaster

venda
der Verband

inyección
die Injektion

estetoscopio
das Stethoskop

camilla
die Trage

termómetro
das Thermometer

nacimiento
die Geburt

sobrepeso
das Übergewicht

audífono

das Hörgerät

desinfectante

das Desinfektionsmittel

infección

die Infektion

virus

das Virus

VIH / SIDA

das HIV / AIDS

remedio

die Medizin

vacunación

die Impfung

comprimidos

die Tabletten

pastilla anticonceptiva

die Pille

ada de emergencia

der Notruf

tensiómetro

der Blutdruckmesser

enfermo / sano

krank / gesund

¡Ayuda!

Hilfe!

alarma

der Alarm

agresión

der Überfall

ataque

der Angriff

peligro

die Gefahr

salida de emergencia

der Notausgang

¡Fuego!

Feuer!

matafuego

der Feuerlöscher

accidente

der Unfall

botiquín de primeros
auxilios

der Erste-Hilfe-Koffer

SOS

SOS

policía

die Polizei

Europa

das Europa

América del Norte

das Nordamerika

América del Sur

das Südamerika

África

das Afrika

Asia

das Asien

Australia

das Australien

Atlántico

der Atlantik

Pacífico

der Pazifik

Océano Índico

der Indische Ozean

céano Antártico

ntarktische Ozean

Océano Ártico

der Arktische Ozean

polo norte

der Nordpol

polo sur

der Südpol

Antártida

die Antarktis

Tierra

die Erde

tierra

das Land

mar

das Meer

isla

die Insel

nación

die Nation

estado

der Staat

esfera

das Ziffernblatt

manecilla de las horas

der Stundenzeiger

minutero

der Minutenzeiger

segundero

r Sekundenzeiger

¿Qué hora es?

Wie spät ist es?

día

der Tag

hora

die Zeit

ahora

jetzt

reloj digital

die Digitaluhr

minuto

die Minute

hora

die Stunde

lunes
der Montag

miércoles
der Mittwoch

viernes
der Freitag

sábado
der Samstag

martes
der Dienstag

jueves
der Donnerstag

domingo
der Sonntag

ayer

gestern

hoy

heute

mañana

morgen

mañana

der Morgen

mediodía

der Mittag

tarde

der Abend

días hábiles

die Arbeitstage

fin de semana

das Wochenende

lluvia
der Regen

arco iris
der Regenbogen

nieve
der Schnee

viento
der Wind

primavera
der Frühling

otoño
der Herbst

verano
der Sommer

invierno
der Winter

stico meteorológico
Wettervorhersage

termómetro
das Thermometer

luz del sol
der Sonnenschein

nube
die Wolke

niebla
der Nebel

humedad
die Luftfeuchtigkeit

rayo

der Blitz

trueno

der Donner

tormenta

der Sturm

granizo

der Hagel

monzón

der Monsun

inundación

die Flut

hielo

das Eis

enero

der Jänner

febrero

der Februar

marzo

der März

abril

der April

mayo

der Mai

junio

der Juni

julio

der Juli

agosto

der August

año - das Jahr

septiembre

der September

octubre

der Oktober

noviembre

der November

diciembre

der Dezember

formas
die Formen

círculo

der Kreis

cuadrado

das Quadrat

rectángulo

das Rechteck

triángulo

das Dreieck

esfera

die Kugel

cubo

der Würfel

colores
die Farben

blanco

weiß

amarillo

gelb

naranja

orange

rosa

pink

rojo

rot

violeta

lila

azul

blau

verde

grün

marrón

braun

gris

grau

negro

schwarz

opuestos
die Gegenteile

mucho / poco

viel / wenig

enojado / tranquilo

wütend / friedlich

lindo / feo

hübsch / hässlich

principio / fin

Anfang / das Ende

grande / chico

groß / klein

claro / oscuro

hell / dunkel

rmano / hermana

uder / die Schwester

limpio / sucio

sauber / schmutzig

completo / incompleto

vollständig / unvollständig

día / noche

Tag / die Nacht

muerto / vivo

tot / lebendig

ancho / angosto

breit / schmal

comestible / no comestible

....

genießbar / ungenießbar

malo / amable

....

böse / freundlich

entusiasmado / aburrido

....

aufgeregt / gelangweilt

gordo / flaco

....

dick / dünn

primero / último

....

zuerst / zuletzt

amigo / enemigo

....

der Freund / der Feind

lleno / vacío

....

voll / leer

duro / blando

....

hart / weich

pesado / liviano

....

schwer / leicht

hambre / sed

....

der Hunger / der Durst

enfermo / sano

....

krank / gesund

ilegal / legal

....

illegal / legal

inteligente / estúpido

....

gescheit / dumm

izquierda / derecha

....

links / rechts

cerca / lejos

....

nah / fern

nuevo / usado
neu / gebraucht

nada / algo
nichts / etwas

viejo / joven
alt / jung

cendido / apagado
an / aus

abierto / cerrado
offen / geschlossen

silencioso / ruidoso
leise / laut

rico / pobre
reich / arm

correcto / incorrecto
richtig / falsch

áspero / suave
rau / glatt

riste / contento
aurig / glücklich

corto / largo
kurz / lang

lento / rápido
langsam / schnell

mojado / seco
nass / trocken

caliente / frío
warm / kühl

guerra / paz
der Krieg / der Frieden

0

cero

null

1

uno

eins

2

dos

zwei

3

tres

drei

4

cuatro

vier

5

cinco

fünf

6

seis

sechs

7

siete

sieben

8

ocho

acht

9

nueve

neun

10

diez

zehn

11

once

elf

12
doce
zwölf

13
trece
dreizehn

14
catorce
vierzehn

15
quince
fünfzehn

16
dieciséis
sechzehn

17
diecisiete
siebzehn

18
dieciocho
achtzehn

19
diecinueve
neunzehn

20
veinte
zwanzig

100
cien
hundert

1.000
mil
tausend

1.000.000
millón
Million

die Sprachen

inglés

Englisch

inglés americano

Amerikanisches Englisch

chino mandarín

Chinesisch (Mandarin)

hindi

Hindi

español

Spanisch

francés

Französisch

árabe

Arabisch

ruso

Russisch

portugués

Portugiesisch

bengalí

Bengalisch

alemán

Deutsch

japonés

Japanisch

yo

ich

vos

du

él / ella

er / sie / es

nosotros

wir

ustedes

ihr

ellos

sie

¿quién?

Wer?

¿qué?

Was?

¿cómo?

Wie?

¿dónde?

Wo?

¿cuándo?

Wann?

nombre

Name

detrás

hinter

en

in

adelante de

vor

por encima de

über

sobre

auf

debajo de

unter

al lado de

neben

entre

zwischen

lugar

der Ort